AF240322

LE
MEA CULPA
DE
NAPOLEON BONAPARTE,

L'AVEU

DE SES PERFIDIES ET CRUAUTÉS;

SUIVI

De la Relation véridique de ce qui s'est passé à l'enlèvement et à la mort du duc d'Enghien.

Par N. L. P***.

Tyran, descends, du trône et fais place à ton maitre.

PARIS,

Chez AUBRY, au Palais de Justice, N°. 37.

DE L'IMPRIMERIE D'AUBRY.

LE
MEA CULPA
DE NAPOLÉON BONAPARTE,
L'AVEU
DE SÉS PERFIDIES ET CRUAUTÉS;

Suivi de la Relation véridique de ce qui s'est passé à l'enlèvement et à la mort du duc d'Enghien.

JE dois mon éducation à la générosité de Louis XVI, qui daigna m'admettre au nombre des élèves de l'Ecole Militaire. Le souvenir d'un pareil bienfait n'aurait jamais dû sortir de ma mémoire ; mais mon cœur dévoré, depuis l'âge le plus tendre, par une ambition démesurée et par une férocité sans exemple, a toujours méconnu le sentiment de la reconnaissance. Lors de la Révolution, je fus obligé, comme les autres Elèves, de sortir de l'Ecole Militaire. Privé de tous moyens d'existence, je m'attachai à tous les partis, empruntant de tous côtés quelques pièces d'argent pour pouvoir subsister. Je vécus de cette manière jusqu'au moment de la lutte entre le Conseil des Cinq-Cents et le Directoire. Je rampai devant les Directeurs ; Barras me prit en amitié et devint mon protecteur. On m'envoya en

Egypte ; quelques actions d'intrépidité me firent regarder comme un héros qui devait sauver la France de l'état d'oppression dans lequel elle se trouvait. Le Directoire me rappela.

Arrêté par les Anglais, je contractai avec eux l'engagement formel de rétablir le Roi de France sur le trône, dès que les lois du Gouvernement seraient parfaitement consolidées, bien résolu de ne jamais le remplir. Je revins donc en France ; tout le monde sait la manière astucieuse dont je m'y pris pour me faire nommer Premier Consul à vie. Mon premier trait d'ingratitude fut envers Barras, et mon premier décret de tyrannie fut l'exil de mon bienfaiteur.

Ne connaissant plus de bornes à mon ambition, je pris le titre d'Empereur ; je fis arracher le Pape de son siége, le fis venir à Paris, et l'obligeai de me sacrer. Ce vénérable chef de la Religion ne fut pas plutôt de retour dans sa capitale, que je m'emparai de ses Etats, le fis rentrer en France et le retins captif.

Je fis enlever dans un pays libre, au mépris du droit des gens, exécuter sans interrogatoire, sans jugement, le duc d'Enghien. Mon épouse se jeta vainement à mes pieds, me conjura de révoquer la sentence de mort ; ni ses larmes, ni les prières et les représentations de mes frères ne purent rien obtenir de moi.

Lucien, irrité de ma barbarie, tira sa montre,

la jeta à terre, l'écrasa de son pied. « Voilà, me
» dit-il, le sort qui vous attend ; les Français vous
» écraseront un jour de même et vous fouleront à
» leurs pieds. » Je méprisai cet avis et ordonnai de
faire exécuter mon ordre. (1)

Je voulais par cette action atroce faire perdre aux
Bourbons tout espoir de retour en France ; effrayer
les Puissances qui auraient voulu les protéger ; enfin rendre mon nom, ainsi que mes armes, redou-
tables dans toute l'Europe.

Comme ce n'était que par le crime, par la perfidie, par tous les ressorts d'une politique machiavé-
lique, que je m'étais élevé à la tête des Français,
dont le sang fut le premier titre à ma gloire, je me
livrai alors sans contrainte à mon caractère féroce.

J'étais alors vainqueur en Italie, en Suisse, en
Piémont, j'y faisais la loi. Ayant appris que la
Reine de Naples avait eu quelque intelligence avec
les Anglais, je lançai aussitôt contre elle un décret
portant : Que *la Reine de Naples a cessé de ré-
gner*. Je ne crois pas que depuis que le monde
existe, un Potentat quelconque se soit jamais servi
d'une expression aussi tyrannique. Par cet acte
d'autorité, je prétendais me faire craindre des Souverains, et leur donner à entendre que je les traite-

____

(1) Voyez à la fin de cet article la Relation de l'enlèvement et de la mort du duc d'Enghien.

rais de même, s'ils me forçaient à prendre les armes contre eux. Mon unique ambition était de les rendre tous mes tributaires.

Enorgueilli du succès de mes armes , je me fis un devoir de violer tous les droits. Je m'emparai , en mon nom, des royaumes dont je devenais vainqueur ; j'en changeai à mon gré la forme de leur gouvernement ; je partageai ces Etats entre ma famille , dont je fis des Souverains et des Souveraines. Je voulais en un mot devenir le dispensateur de toutes les couronnes , et me faire reconnaître le premier Potentat de l'univers. C'est à cette occasion que l'on trouva ce placard affiché à la grille de mon palais des Tuileries : *Fabricant de Sires* , (cire) place du Carousel , *Hôtel des six Boules* , *au Charriot d'or.* Si j'eusse pu connaître l'auteur de ce placard , il aurait payé de sa tête son audacieuse plaisanterie,

Jaloux de la gloire de Pichegru , de l'estime publique que le peuple français et les soldats accordaient à Moreau, j'employai pour les perdre les machinations les plus viles , les complots les plus odieux ; promesses solennelles , déclaration signée de ma propre main , je n'épargnai rien pour les faire tomber dans les piéges que je leur tendais, Craignant cependant que Pichegru , dont tout le monde connaissait le caractère ferme et véridique , ne dévoilât ma perfidie aux yeux des juges . j'ordonnai à mes satellites de l'étrangler , et de faire courir le bruit qu'il s'était étranglé lui-même à l'aide d'un tourniquet. Je me souciai fort peu du sentiment public à cet égard ; ce qu'il m'importait était le moyen de l'empêcher de parler , et je m'applaudis du parti que j'avais pris. Pichegru mort , je crus qu'il me serait facile de faire périr Moreau ; mais l'opinion publique qui se prononçait fortement en sa faveur , me convainquit que sa condamnation entraînerait ma perte. Il m'en coûta de ne pouvoir assouvir ma vengeance. Je renonçai donc , malgré moi , à mon projet infâme et donnai l'ordre qu'il ne fut pas compris dans le jugement de Georges Cadoudal et de ses prétendus complices. Je contraignis la fureur que j'éprouvai de ce que cet homme devait la vie à l'estime générale.

Enivré de mes triomphes en Italie , je passai en Hollande , dont je devins bientôt le maître. Quant à cette conquête , j'en dois rendre plutôt grace à la rigueur de la saison qui me fut propice , qu'au courage de mes soldats.

Cependant comme mes tentatives pour envahir l'Angleterre avaient été infructueuses , et que je ne pouvais rester dans l'inaction , je portai la dévastation dans la Prusse , l'Allemagne et la Pologne. La victoire semblait précéder mes drapeaux ; tout retentissait du bruit de mes actions éclatantes que je devais au courage et à la valeur des troupes innombrables que mes triomphes me faisaient sacrifier. La soif de conquérir n'arrêtait point le carnage que je produisais. Je marchais sans être ému sur des monceaux de morts ; le sang de mes sujets ne produisait aucune émotion sur mon âme. Le bonheur accompagna mes armes et je devins victorieux.

J'aurais dû borner là mes succès, et me trouver trop glorieux des titres d'Empereur des Français, de Roi d'Italie et de Protecteur de la Confédération du Rhin ; mais l'orgueil de dominer toutes les puissances me suggéra le dessein de m'emparer dé l'Espagne. Point de repos pour mon cœur qu'elle ne fût en ma possession.

Je ne considérai point l'injustice de ma prétention ; j'oubliai que le Roi d'Espagne était mon allié, que je n'avais aucun motif de l'expulser ; aucune considération ne pouvait avoir la moindre influence sur mon ame , quand j'avais décidé une chose. J'envoyai donc des émissaires pour jeter la discorde parmi les Princes de ce royaume, et sous le spécieux prétexte de terminer les différens , je me nommai leur arbitre. Revêtu de ce titre , je m'emparai, par cette perfidie , de la couronne Espagnole que je plaçai sur la tête de mon frère Joseph. Que d'hommes j'ai perdu pour maintenir mon frère dans sa possession ! L'injustice de cette guerre a été le premier chaînon de mon malheur.

Non découragé des revers et des pertes immenses que j'éprouvais, et plus ambitieux que jamais, je levai de nouvelles troupes ; j'allai attaquer l'Empereur Alexandre, je pénétrai jusque dans les déserts de la Russie. Sept cents mille hommes détruits, la cavalerie française anéantie, l'artillerie et le trésor de l'armée au pouvoir de l'ennemi, voilà le fruit de mon entreprise téméraire.

Je crus reprendre ma revanche; je fis venir de nouvelles troupes que je sacrifiai de même. Obligé de fuir, et poursuivi vigoureusement, je donnai l'ordre de faire sauter le pont pour éviter d'être pris; et par cette mesure, qui assurait ma sûreté, je perdis soixante mille hommes qui périrent en traversant le Rhin à la nage.

La rage dans le cœur, et plus audacieux que jamais, je revins dans la capitale, n'ayant ni troupes, ni cavalerie, ni canons, ni fusils à opposer aux puissances qui s'étaient coalisées pour mettre un frein à mon ambition démesurée, et qui avaient déjà pénétrées sur le territoire de l'Empire Français.

Loin d'accéder à une paix honorable que l'on m'offrait, je commandai impérieusement la levée en masse.

Redoutant la vérité, je chassai outrageusement, à la face de l'Europe, les législateurs, parce qu'ils me la disaient avec autant de ménagement que de vérité.

J'envoyai donc des sénateurs dans tous les départemens, avec pouvoir de faire partir de force, soit dans les villes, soit dans les villages ou hameaux, tous les hommes sans distinction d'âge. Parmi les moyens que je fis employer pour avoir des soldats, il en est un connu de tout le monde, et qui consistait dans la fermeture des ateliers. Les ouvriers, pris ainsi par la famine, étaient obligé de s'enrôler comme militaires, abandonnant leur famille au désespoir.

L'industrie anéantie, les champs sans culture, toutes les ressources épuisées, toutes les familles plongées dans le deuil, la jeunesse moissonnée par les armes avant d'avoir la force de les porter, voilà le tableau que j'offris à la France.

Quoique les ennemis s'avançassent avec une marche rapide, et toujours avec des succès inouis, je faisais impunément courir le bruit qu'ils étaient tantôt anéantis, tantôt battus, tantôt fuyant. Pour les rendre odieux, je faisais mettre sur leur compte le pillage que les troupes françaises faisaient dans tous les endroits par où elles passaient; car, ne leur donnant ni étape, ni aucun moyen de subsistance, il fallait bien qu'elles prissent ce qu'elles trouvaient sur leur route.

Lorsque je sus les troupes coalisées aux portes de Paris, ennemi de mes propres sujets, long-temps trompés par moi, j'ai fini par donner l'ordre parricide d'exposer inutilement la garde nationale pour la défense impossible de la capitale, sur laquelle j'appelais ainsi toutes les vengeances de l'ennemi.

Rappelez vous cette affiche ministérielle sur laquelle il était dit : « Une colonne de trente mille » hommes s'avance sur la capitale, S. M. l'Empereur est derrière avec une armée victorieuse. Garde nationale, sortez de vos murs, ralliez-vous autour de l'Empereur pour défendre vos monumens , vos propriétés , vos femmes, vos enfans ». Quelques-uns d'entre vous ont suivi ce conseil perfide , et en ont été la victime. Mon but était de vous faire combattre jusqu'à extinction , et si vous n'eussiez point pu parvenir à repousser l'ennemi , j'avais donné des ordres pour que l'on mit le feu aux poudrières de la plaine de Grenelle et de Vincennes , et dans la capitale , afin que l'ennemi , en y entrant , n'y trouvât que des pierres.

Je n'ai tenu aucune de mes promesses, je n'ai effectué aucun de mes décrets , je les ai tous détruit les uns par les autres. Quelle solidité pouvait on avoir en ma personne ?

Lorsque je fus Premier Consul , je demandai ce que le Directoire avait fait des trois cents mille hommes qu'on lui avait accordés ; la nation Française pourrait aujourd'hui me demander ce que j'ai fait de plus de huit millions d'hommes que j'ai sacrifiés à mon ambition.

Lorsque j'ai paru sur la scène du monde avec les caractères de la grandeur française , j'aurais dû au moins , par reconnaissance pour ce peuple généreux, qui avait bien voulu me reconnaître pour son chef, devenir français avec eux. Je ne l'ai jamais été. Je n'ai cessé d'entreprendre sans but et sans motif des guerres injustes. J'ai, en peu d'années, dévoré vos richesses et votre population. J'ai porté le deuil dans toutes les familles. J'ai été sourd au maux de la France. Je ne croyais qu'à la force, mais la force m'accable aujourd'ui : juste retour d'une ambition insensée.

Mea maxima culpa.

RELATION VERIDIQUE

De ce qui s'est passé à l'enlèvement et à la mort du Duc d'Enghien, ordonnées par Napoléon Bonaparte.

Bonaparte, qui avait de justes raisons de craindre les Bourbons, crut devoir faire enlever, le 15 mars 1804, celui de ces Princes qui, sur les frontières, paraissait rassembler des mécontens, et qu'on lui représentait en mesure d'aider les insurgés qui pouvaient s'élever dans l'intérieur de la France.

On crut punir un coupable, et on voulut, par un grand acte de sévérité, étouffer leur mouvement en faveur des Bourbons. Le duc fut averti, on le pressa de s'éloigner; mais la crainte de passer pour le complice des conspirateurs que l'Angleterre avait répandus en France, celle d'accréditer le bruit qu'on faisait courir sur son compte, l'engagèrent à rester à Ettenheim; il avait d'ailleurs pour lui la pureté de son cœur et de sa conduite. Il ne prit même aucune précaution pour être averti d'un passage du Rhin qu'il regardait comme impossible. A peine était-il couché, qu'on l'avertit qu'on entendait du bruit autour de sa demeure; il saute de son lit, en chemise, saisit son fusil; un de ses valets de pied en prend un autre, ils ouvrent la fenêtre. Le duc d'Enghien crie : *Qui va là ?* et, sur la réponse impertinente d'un gendarme, ils allaient faire feu, lorsque le baron de Grinsteim, son premier gentilhomme, lui arracha son arme, en lui disant que toute défense serait inutile. Là, s'engagea, entre le duc et celui-ci, une altercation ; mais le duc, voyant qu'il était abandonné de celui sur qui il comptait le plus, connut toute l'horreur de sa position. Il fit alors promettre au baron de Grinsteim, qui s'était couché tout habillé, que si l'on demandait le duc d'Enghien, il dirait que c'était lui.

Près d'une heure se passe dans l'attente ; les armes sont déposées sur une table. Le duc passe à la hâte un pantalon et une veste de chasse ; il n'a pas le temps de mettre des bottes : on monte l'escalier, on entre le pistolet au poing, et on demande qui de vous est le duc d'Enghien ? Le baron garde le silence. On renouvelle l'interpellation, même silence. Le duc jette un regard de mépris sur son premier gentilhomme, et dit aux gendarmes : Si vous venez pour l'arrêter, vous devez avoir son signalement ; cherchez-le !

Ceux-ci, croyant parler à un des gens du duc, répondent : « Si nous l'avions, nous ne le deman-
» derions pas ; mais puisque vous ne voulez pas le
» désigner, marchez tous. »

Pendant ce colloque, le secrétaire du duc, logé dans une autre maison, se lève malgré la fièvre, va dans le bourg chercher à rallier les bourgeois pour l'aider à sauver leur maître ; mais voyant que c'est en vain, il veut au moins se réunir à son prince ; il se présente à la maison qu'habitait le duc ; les gardes le repoussent ; il dit sa qualité, et le désir de partager le sort de son maître ; on le laisse passer, et tous ensemble sont conduits hors d'Ettenheim. Ils passent sous les fenêtres de la princesse de Rohan, qui le voit ainsi partir à pied et en pantoufles. On fait halte dans un moulin, et là se trouva le bourg-mestre d'Ettenheim. On le somme de dire les noms des arrêtés ; il nomme ceux qu'on lui désigne, et le duc fut le troisième. Reconnu, il demanda d'envoyer son valet-de-chambre lui chercher du linge, des habits et de l'argent ; cela lui fut accordé.

Au retour du valet-de-chambre, et après avoir mis des bottes, on se remit en marche vers le Rhin ; il le passa à Kappel. Arrivés à Kléinhau, des voitures les attendaient. On voulut placer à côté de lui son premier gentilhomme ; il le refuse et demande le fidèle et brave valet-de-pied qui seul a voulu le défendre.

Arrivé à Strasbourg , il fut interrogé sur les motifs qui l'attachaient à Ettenheim ; il publie son amour pour la princesse de Rohan. Il est conduit , avec tous les émigrés pris à Ettenheim , dans la citadelle. Ils sont logés dans trois chambres qui se communiquent.

Il reçoit la visite du général divisionnaire, des généraux et de tout l'état-major de la division et de la place. Les égards que ces militaires lui témoignent , leur ton , leurs manières polies , persuadent au duc qu'il n'est destiné qu'à servir d'ôtage. On s'aperçoit de cette idée consolante , et pour l'y entretenir , on lui fait espérer qu'il pourrait cultiver un des jardins de la citadelle. Mais à minuit du même jour qu'on lui avait donné de telles espérances , les portes de sa prison s'ouvrent , des gendarmes entourent son lit , et le forcent à s'habiller à la hâte.

Ses gens accourent ; il demande d'emmener son fidèle Joseph ; on lui dit qu'il n'en aura pas besoin. Il demande quelle quantité de linge il peut emporter avec lui , on lui répond, une ou deux chemises. Alors plus d'espoir pour lui ; il présume son sort ; il distribue à ses compagnons d'infortunes tout l'argent qu'il a sur lui ; il ne garde que quelques louis ; il les embrasse , leur dit un éternel adieu. Les portes se referment , et ils purent entendre résonner les chaînes dont on chargea les mains du duc.

Il fit le voyage en poste ; après cinq jours et cinq nuits , il arriva à Paris. On le conduisit au temple ; mais là il trouva des ordres qui le transférèrent au château de Vincennes. Il fut jeté dans une chambre où il ne trouva ni chaise , ni lit , ni table ; quelques brins de paille répandus sur le plancher , voilà tout ce qu'il trouva.

A peine a-t-il un moment goûté sur cette litière

un peu de repos, que son sommeil est interrompu.
On l'amène devant la Commission militaire qui devait le condamner.

Nous n'entrerons pas dans le détail des inculpa-
tions qui lui furent faites, toutes étaient fausses. Ce
jugement était une simple formalité ; son sort était
décidé avant son accusation.

On lui lit son arrêt de mort ; il recueille sa grande
ame, et son corps qui, un instant auparavant suc-
combait au sommeil et à la fatigue, semble reprendre sa vigueur accoutumée. Il demande trois faveurs ;
la première, un prêtre pour l'assister dans ce cruel
moment ; la seconde, qu'il lui soit permis de couper
ses cheveux, et qu'il soit assuré qu'ils seront fidè-
lement remis à la personne qu'il désignera ; la troisième enfin, qu'il puisse donner lui-même aux soldats l'ordre de tirer sur lui. Cette dernière faveur
lui est nettement refusée ; la seconde lui est pro-
mise ; et on met pour restriction à la première qu'il
ne restera qu'une heure avec le prêtre qu'on lui en-
verra, et qu'il ne pourra lui parler qu'à haute voix
et devant témoins.

A la vue du ministre des autels, le duc s'humilie
devant le caractère sacré dont il est revêtu ; il fait
à voix basse l'aveu de ses fautes, en demandant par-
don à l'Être suprême devant lequel il va paraître.
Il desire vivement de voir hâter le moment qui le
délivrera de sa triste existence ; mais il fallut atten-
dre que la sentence fût ratifiée.

Douze heures se passent entre la condamnation
et l'exécution ; enfin l'heure fatale sonne ; le duc
d'Enghien remet ses cheveux avec prière de les envoyer à la princesse Charlotte de Rohan-Rochefort.
Il part à la lueur des flambeaux, et peu de temps
après le coup fatal tranche ses jours, le 22 Mars
1804, à une heure du matin.

F I N.